MINIKUCHEN

Kuchenglück auf die Hand

Autorin: Christa Schmedes | Fotos: Mathias Neubauer

DIE GU-QUALITÄTS-GARANTIE

Wir möchten Ihnen mit den Informationen und Anregungen in diesem Buch das Leben erleichtern und Sie inspirieren, Neues auszuprobieren. Bei jedem unserer Bücher achten wir auf Aktualität und stellen höchste Ansprüche an Inhalt, Optik und Ausstattung. Alle Rezepte und Informationen werden von unseren Autoren gewissenhaft erstellt und von unseren Redakteuren sorgfältig ausgewählt und mehrfach geprüft. Deshalb bieten wir Ihnen eine 100 %ige Qualitätsgarantie.

Darauf können Sie sich verlassen:
Wir legen Wert darauf, dass unsere Kochbücher zuverlässig und inspirierend zugleich sind. Wir garantieren:
• dreifach getestete Rezepte
• sicheres Gelingen durch Schritt-für-Schritt-Anleitungen und viele nützliche Tipps
• eine authentische Rezept-Fotografie

Wir möchten für Sie immer besser werden:
Sollten wir mit diesem Buch Ihre Erwartungen nicht erfüllen, lassen Sie es uns bitte wissen! Wir tauschen Ihr Buch jederzeit gegen ein gleichwertiges zum gleichen oder ähnlichen Thema um. Nehmen Sie einfach Kontakt zu unserem Leserservice auf. Die Kontaktdaten unseres Leserservice finden Sie am Ende dieses Buches.

GRÄFE UND UNZER VERLAG
Der erste Ratgeberverlag – seit 1722.

INHALT

TIPPS UND EXTRAS

Umschlagklappe vorne:
  Förmchenvielfalt

  4 Marmorkuchen
  6 Fein herausgeputzt
 64 Eisparfaits

Umschlagklappe hinten:
  Tipps & Tricks
  Minikuchen to go

8 SCHNELL GEZAUBERT

 10 Sandkuchen
 12 Kokos-Bananen-Kuchen
 13 Schoko-Kokos-Kuchen
 14 Käsekuchen mit Karamellguss
 16 Blondies
 17 Brownies
 18 Chai-Latte-Kuchen
 20 Haselnusskuchen
 21 Rotweinkuchen
 22 Quarkstollen
 23 Mandel-Marzipan-Stollen

24 FRECH UND FRUCHTIG

26 Granatapfel-Cheesecake
28 Schoko-Birnen-Kuchen
29 Schoko-Preiselbeer-Kuchen
30 Apfel-Rührkuchen
32 Apfel-Marzipan-Päckchen
34 Beeren-Minis
36 Johannisbeer-Mandelbaiser
37 Heidelbeerkuchen
37 Mango-Schmand-Kuchen
38 Gestürztes Pflaumenküchlein
40 Rüblikuchen
41 Rote-Bete-Kuchen

42 EUROPAREISE

44 Sachertorte XS
46 Nusszöpfchen
47 Streuselkuchen
48 Walliser Nusstörtchen
50 Kleine Käsesahne mit Mandarinen
52 Montblanc-Törtchen
54 Bretonischer Butterkuchen
55 Spanischer Mandelkuchen
56 Schichttörtchen
58 Espresso-Cremetörtchen

60 Register
62 Impressum

MARMORKUCHEN

180 g weiche Butter | 150 g Zucker | Salz | 4 Eier (M) | 225 g Mehl | 1 TL Backpulver | 2 EL Sahne |
3 TL Kakaopulver | 1 Tropfen Backöl Bittermandel | 12 Mini-Förmchen
Für 12 Stück | 30 Min. Zubereitung | 25 Min. Backen |
Pro Stück ca. 265 kcal, 4 g EW, 16 g F, 26 g KH

1   Den Backofen auf 180° vorheizen. Die Förmchen auf ein
Backblech stellen.

2   Die Butter mit Zucker und
1 Prise Salz mit den Schneebesen
des Handrührgeräts cremig rühren. Die Eier einzeln unterrühren.

3   Das Mehl mit Backpulver mischen, auf die Eiercreme sieben
und locker unterheben.

4   Knapp die Hälfte des Teiges in
eine Schüssel geben. Sahne, Kakao und Bittermandelöl zugeben
und alles gut vermischen.

5   Den hellen Teig gleichmäßig
auf die Förmchen verteilen. Den
dunklen Teig daraufgeben und
beide Teige mit einer Gabel zu
einem Marmormuster verziehen.

6   Die Kuchen im heißen Ofen
(Mitte) ca. 25 Min. backen. Die
Kuchen herausnehmen und ca.
10 Min. abkühlen lassen, danach
aus den Förmchen lösen.

ABWECHSLUNG GEFÄLLIG?

Das Grundrezept können Sie nach Ihren Vorlieben und Ideen kreativ abwandeln. Ganz unkompliziert entstehen so ganz neue Kuchen – und es wird nie langweilig in der Backstube.

STRACCIATELLAKUCHEN

Für eine schokoladige Überraschung im Kuchen sorgen Schokoladenraspel. Für den Teig 150 g weiche Butter mit 100 g Doppelrahm-Frischkäse und 100 g Puderzucker cremig rühren. Nacheinander 3 Eier (M) einrühren. 200 g Mehl und 1 TL Backpulver mischen und unterrühren. Zuletzt 100 g Schokoraspel unterheben. Den Teig dann gleichmäßig auf die Förmchen verteilen und wie im Grundrezept beschrieben ca. 25 Min. backen.

KERNIGES GESCHMACKSERLEBNIS

Gehackte Nüsse – zum Beispiel Mandeln, Haselnuss-, Walnuss- oder Cashewkerne – geben den Minikuchen einen knackigen Biss. Hierfür einfach 50 g Nüsse nach Geschmack hacken und unter den Teig mischen. Für ein noch nussigeres Kuchenerlebnis können Sie auch die Hälfte des Mehls durch gemahlene Haselnüsse oder Mandeln ersetzen.

So bekommen die Minikuchen ein feines und unaufdringliches Nussaroma.

KUCHEN MIT SCHWIPS

Besonders aufregend kommen die Kuchen mit einem Schuss Rum im Teig daher. Zum fertigen Teig einfach 1 EL braunen Rum geben und gut unterrühren. Auch ein Schlückchen Likör macht sich gut im Teig. Damit lässt sich das Aroma der Kuchen fast unendlich variieren. Schauen Sie doch mal nach, was in Ihrem Barschrank steht.

SAFTIG UND FRUCHTIG

Ein fruchtig-spritziges Aroma erhalten die Minikuchen, wenn Sie etwas abgeriebene Schale von 1 Bio-Zitrone oder -Orange unter den Teig rühren. Meist reicht schon 1 TL davon, um den Kuchen zusätzlichen Pep zu verleihen. Alternativ können Sie die Minis nach dem Backen mit je 1 TL Orangensaft beträufeln. Wenn der Saft eingezogen ist, besticht das Backwerk nicht nur mit einem besonderen Aroma, sondern bleibt obendrein schön saftig. Und wenn Sie noch eins draufsetzen wollen, rühren Sie einfach eine Puderzuckerglasur mit Zitronen- oder Orangensaft an (siehe S. 7). Das gibt Ihren Minis den ultimativen Frischekick.

FEIN HERAUSGEPUTZT

Mit Puderzuckerglasur oder einer Schokocreme machen sich die Minikuchen fein und gehen auf Jagd nach Komplimenten. Und die lassen sicher nicht lange auf sich warten!

SCHOKORASPEL

Nicht nur für Schokoholics sind Schokoladenraspel das i-Tüpfelchen auf dem Kuchen. Sie sind in Windeseile hergestellt und immer ein optisches Highlight. Kuvertüre eignet sich für die Raspel besonders gut, denn sie bleibt schön in Form. Das Raspeln kleinerer Mengen funktioniert problemlos mit der Haushaltsreibe. Feine Schokoladenspäne oder dünne Röllchen dagegen lassen sich am besten mit einem Messer mit glatter Klinge herstellen. Dafür einfach mit dem Messer an der Seitenkante der Kuvertüre entlangschaben und die Klinge dabei leicht schräg halten. Die Schokospäne direkt auf die Kuchen fallen lassen. Tipp: Klappt auch mit dem Sparschäler!

SCHOKOLADENGLASUR

Ob weiß oder dunkel, eine knackige Schokoladenglasur veredelt jeden Minikuchen und lässt ihn glänzen. Dafür einen Topf zur Hälfte mit Wasser füllen und dieses erhitzen. Die grob gehackte Schokolade oder Kuvertüre in eine Schüssel geben und über dem heißen Wasserbad schmelzen lassen. Dabei darauf achten, dass der Schüsselboden das Wasser nicht berührt und kein Wassertropfen in die Kuvertüre gerät, sonst wird sie stumpf und klumpig. Die flüssige Glasur dann mit einem Löffel über die Minikuchen laufen lassen oder mit einem Pinsel verstreichen. Wer möchte, dekoriert die Minikuchen jetzt noch mit Nüssen, Trockenfrüchten, bunten Streuseln oder Zuckerperlen.

PUDERZUCKER UND KAKAOPULVER

Die Gäste kommen früher als geplant oder es ist keine Zeit für eine aufwendige Dekoration? Kein Problem, die Minikuchen lassen sich auch mit schlichtem Puderzucker oder Kakaopulver im Handumdrehen hübsch verzieren. Einfach über die Kuchen sieben, schon werden die Minis zum dezenten Hingucker. Für einen besonderen Effekt können Sie vor dem Bestäuben Papierstreifen oder gestanzte Papierbordüren auf die Minis legen (siehe S. 16). So entstehen hübsche Muster.

SCHOKOCREME

Eine weiche Schokocreme macht die Minikuchen zur kleinen Sünde – und das Kuchenglück ist vollkommen. Dabei lässt sich die Creme ganz einfach zubereiten: In einem kleinen Topf 150 g Sahne erwärmen. Vom Herd nehmen und 150 g gehackte Zartbitterschokolade unter Rühren darin schmelzen lassen, bis die Masse glatt ist. Die Schokosahne über Nacht in den Kühlschrank stellen und am nächsten Tag mit den Schneebesen des Handrührgeräts cremig aufschlagen. Die Minikuchen mit der Schokocreme füllen oder mithilfe eines Spritzbeutels damit dekorieren.

PUDERZUCKERGLASUR

Die Puderzuckerglasur ist ideal, um sie über die Minitörtchen fließen zu lassen und ihnen einen zarten Biss zu verleihen. Für eine dickflüssige Glasur 150 g Puderzucker mit 3 EL Flüssigkeit (das kann z. B. Wasser, Milch, Zitronen- oder anderer Fruchtsaft sein) verrühren. Wer es gerne bunt mag, kann die Glasur mit Rote-Bete-Saft noch rosa einfärben. Und mit Likör (z. B. Mandel-, Kokos- oder Kaffeelikör) oder Wein bekommt die Glasur ein ganz neues Aroma.

EIWEISSGLASUR

Die Eiweißglasur ist etwas fester als die Puderzuckerglasur und eignet sich daher besonders für filigrane Muster. Dafür 1 ganz frisches Eiweiß (M) halb steif schlagen. Dann 150 g Puderzucker und 1 TL Zitronensaft nach und nach hinzufügen und aufschlagen, bis die Masse fest ist. Die Glasur in einen Gefrierbeutel füllen und an einer Ecke mit einer Schere ein winziges Loch einschneiden. Schon können Sie loslegen und Ihre Minikuchen nach Herzenslust verzieren. Vor dem Servieren bei Zimmertemperatur trocknen lassen – fertig!

GEEISTE FRÜCHTCHEN

Ein Topping aus geeisten Früchten macht viele Minis zu echten Kuchenstars. Dafür Johannisbeerrispen, Heidelbeeren oder andere Beeren nach Wahl waschen und trocken tupfen. Anschließend in Zitronensaft wenden und mit feinem Zucker bestreuen. Kurz trocknen lassen und dekorativ auf den Minikuchen drapieren.

KANDIERTE BLÜTEN

Mit Rosenblüten oder Minze- und Melisseblättern versprühen die Minikuchen edles Flair. Dafür benötigen Sie natürlich ungespritzte Blüten und Blätter. Diese waschen und trocken tupfen. 1 Eiweiß mit 1 EL Wasser verquirlen. Blüten und Blätter damit einpinseln, mit Zucker bestreuen und trocknen lassen. Danach auf die Minikuchen setzen – und Ahs und Ohs sind Ihnen gewiss.

SCHNELL GEZAUBERT

Flugs einen Teig gerührt, ab in die Förmchen und … Simsalabim …
schon stehen zwölf duftende Minikuchen auf dem Tisch. Da können Sie ganz spontan
Freunde zum Kaffee einladen, die Kollegen im Büro verwöhnen – oder die kleinen
Leckerbissen zwischendurch einfach selbst genießen.

SANDKUCHEN

Der Tee ist schon fertig? Meine Kuchen auch. Diese zarten Minis lassen sich prima vorbereiten und passen einfach perfekt als Verführung am Nachmittag.

1 Bio-Zitrone
3 Eier (M)
Salz
180 g weiche Butter
180 g Zucker
1 Pck. Vanillezucker
180 g Mehl
50 g Speisestärke
1 TL Backpulver
150 g Puderzucker
Außerdem:
12 Mini-Förmchen

heiß geliebter Klassiker

Für 12 Stück |
30 Min. Zubereitung |
25 Min. Backen
Pro Stück ca. 315 kcal,
3 g EW, 14 g F, 43 g KH

1 Den Backofen auf 180° vorheizen. Die Förmchen auf ein Backblech stellen. Die Zitrone heiß abwaschen und abtrocknen. Von der Schale 1 TL dünn abreiben. Anschließend die Frucht auspressen und 2 EL davon für die Glasur beiseitestellen, der übrige Saft wird für den Teig benötigt.

2 Für den Teig die Eier trennen und die Eiweiße mit 1 Prise Salz steif schlagen. Die Butter mit Zucker, Vanillezucker und den Eigelben cremig rühren. Zitronenschale und -saft unterrühren. Den Eischnee auf die Eigelbcreme geben. Mehl, Speisestärke und Backpulver mischen, darübersieben und alles locker unterheben.

3 Den Teig gleichmäßig auf die Förmchen verteilen und im heißen Ofen (Mitte) ca. 25 Min. backen. Die Kuchen herausnehmen und ca. 10 Min. abkühlen lassen, dann aus den Förmchen lösen.

4 Für die Glasur den Puderzucker mit den restlichen 2 EL Zitronensaft und 1 EL Wasser glatt rühren. Die abgekühlten Kuchen mit der Zitronenglasur überziehen.

VARIANTE

ENGLISCHER TEEKUCHEN
Dafür 50 g kandierte Früchte (z. B. Kirschen, Orangeat, Zitronat) fein würfeln und mit 2 EL Rosinen, 30 g gehackten Mandeln und 1 EL Puderzucker mischen. Dann 180 g weiche Butter, 180 g Rohrzucker, 3 Eier (M) und 1 EL Rum cremig rühren. 225 g Mehl mit 1 TL Backpulver mischen und unterrühren. Die Früchte unterheben. Den Teig gleichmäßig auf die Förmchen verteilen und im auf 180° vorgeheizten Ofen (Mitte) ca. 30 Min. backen. Die Kuchen leicht abgekühlt aus den Förmchen lösen und mit Puderzucker bestäuben.

KOKOS-BANANEN-KUCHEN

1 Banane | 1 Bio-Limette | 100 g weiche Butter | 75 g Kokosblütenzucker (aus dem Bioladen, ersatzweise Rohrzucker) | 3 Eier (M) | 120 g Kokosmilch (Dose oder Packung) | 125 g Mehl | ½ TL Backpulver | 50 g Kokosraspel | 100 g Puderzucker | 2 EL ungespritzte Blüten (z. B. Jasmin-, Kornblumen- oder Rosenblüten, ersatzweise 2 EL Kokoschips)
Außerdem:
12 Mini-Förmchen

fruchtiger Exot

Für 12 Stück | 35 Min. Zubereitung |
25 Min. Backen
Pro Stück ca. 230 kcal, 3 g EW, 13 g F, 25 g KH

1 Den Backofen auf 180° vorheizen. Die Förmchen auf ein Backblech stellen. Für den Teig die Banane schälen und mit einer Gabel zerdrücken.

Die Limette heiß abwaschen und abtrocknen. Die Schale abreiben, den Saft auspressen. Limettensaft und -schale mit der Banane vermischen.

2 Butter, Zucker und Bananenpüree cremig rühren. Die Eier und 100 g Kokosmilch unter Rühren zugeben. Mehl und Backpulver mischen und mit den Kokosraspeln unter den Teig heben. Den Teig gleichmäßig auf die Förmchen verteilen und im heißen Ofen (Mitte) ca. 25 Min. backen. Die Kuchen herausnehmen und ca. 10 Min. abkühlen lassen, danach aus den Förmchen lösen.

3 Für die Glasur die restliche Kokosmilch erwärmen und mit dem Puderzucker glatt rühren. Die Kuchen mit der Kokosglasur überziehen und mit den Blüten bestreuen.

sehr lecker!

SCHOKO-KOKOS-KUCHEN

100 g Zartbitterschokolade | 3 Eier (L) | Salz |
50 g Zucker | 1 TL Whiskey (nach Belieben) |
50 g Kokosraspel | 1 EL Puderzucker |
50 g Schokoraspel | 30 g Butter | 2 EL Kokos-
chips
→ Optional
Außerdem:
12 Mini-Förmchen   → wieder nur ca. 8

schokoladig zart

Für 12 Stück | 30 Min. Zubereitung |
25 Min. Backen
Pro Stück ca. 170 kcal, 3 g EW, 12 g F, 11 g KH

1 Den Backofen auf 180° vorheizen. Die Förmchen auf ein Backblech stellen. Für den Teig die
Schokolade in Stücke brechen. In einem kleinen
Topf 3 EL Wasser erwärmen und die Schokolade
darin unter Rühren schmelzen lassen.

2 Die Eier trennen, die Eiweiße mit 1 Prise Salz
steif schlagen. Die Eigelbe mit dem Zucker hellcremig aufschlagen. Die geschmolzene Schokolade und nach Belieben den Whiskey unterrühren,
dann den Eischnee und die Kokosraspel unterheben. Den Teig gleichmäßig auf die Förmchen
verteilen und im heißen Ofen (Mitte) ca. 25 Min.
backen. Die Kuchen herausnehmen und ca. 10 Min.
abkühlen lassen, danach aus den Förmchen lösen.

3 Für die Glasur Puderzucker und 3 EL Wasser in
einem kleinen Topf erhitzen. Die Schokoraspel
zugeben und unter Rühren schmelzen lassen. Den
Topf vom Herd nehmen und die Butter unterrühren.
Die Kuchen mit der Schokoglasur überziehen und
mit den Kokoschips bestreuen.

KÄSEKUCHEN MIT KARAMELLGUSS

Einmal probiert und für immer verführt. Die kleinen Cremigen mit ihrem karamelligen Guss sind Seelentröster vom Feinsten.

125 g Butter
3 Eier (M)
90 g Zucker
1 Pck. Vanillezucker
750 g Magerquark
1 EL Zitronensaft
1 Pck. Pulver für backfeste
Puddingcreme (ersatzweise
Vanillepuddingpulver)
Für den Karamellguss:
75 g Sahne
50 g Zucker
Fleur de Sel
Außerdem:
12 Mini-Förmchen

kleine Sünde

Für 12 Stück |
35 Min. Zubereitung |
25 Min. Backen
Pro Stück ca. 250 kcal,
10 g EW, 15 g F, 18 g KH

1 Den Backofen auf 180° vorheizen. Die Förmchen auf ein Backblech stellen. Die Butter in einem Topf schmelzen. Eier, Zucker, Vanillezucker, Quark und Zitronensaft glatt rühren. Puddingcreme und geschmolzene Butter unterrühren.

2 Den Teig gleichmäßig auf die Förmchen verteilen und im heißen Ofen (Mitte) ca. 25 Min. backen. Die Kuchen herausnehmen, ca. 10 Min. abkühlen lassen, danach aus den Förmchen lösen.

3 Für den Karamellguss die Sahne mit Zucker und 1 kräftigen Prise Fleur de Sel unter Rühren aufkochen. Dann bei mittlerer Hitze ca. 5 Min. köcheln lassen, bis sich der Zucker aufgelöst hat. Weiterrühren, bis ein zartbrauner Karamellsirup entstanden ist. Den Karamellguss mit einem Teelöffel auf die Kuchen träufeln.

TIPP

Eine feine Topping-Alternative sind Cranberrystreusel. Dafür 30 g getrocknete Cranberrys fein hacken. In einer Schüssel 50 g Mehl mit 50 g gemahlenen geschälten Mandeln und 1 Prise Meersalz mischen. 75 g weiche Butter, 50 g Zucker und Cranberrys zugeben und alles mit den Händen zu Streuseln verarbeiten. Den Teig wie beschrieben zubereiten, in die Förmchen füllen und die Streusel darauf verteilen. Die Kuchen wie beschrieben backen, ca. 10 Min. ruhen lassen, dann aus den Förmchen lösen.

BLONDIES

100 g Butter | 50 g weiße Schokolade |
80 g Rohrzucker | 2 Eier (M) | 150 g Mehl |
½ TL Backpulver | 75 g gehackte Pekannüsse
(ersatzweise gehackte Mandeln) | Puderzucker
zum Bestäuben
Außerdem:
12 Mini-Förmchen | Papierstreifen (4 mm breit,
30 cm lang)

made in the USA

Für 12 Stück | 30 Min. Zubereitung |
20 Min. Backen
Pro Stück ca. 215 kcal, 3 g EW, 14 g F, 19 g KH

1 Den Backofen auf 180° vorheizen. Die Förmchen auf ein Backblech stellen. Die Butter in einem
Topf schmelzen, die Schokolade fein hacken. Die
geschmolzene Butter in eine Schüssel geben und
mit Rohrzucker und Eiern verrühren.

2 Mehl, Backpulver und Pekannüsse mischen.
Die Mehlmischung mit der gehackten Schokolade
unter den Teig heben.

3 Den Teig gleichmäßig auf die Förmchen verteilen und im heißen Ofen (Mitte) ca. 20 Min. backen.
Die Kuchen herausnehmen und ca. 10 Min. abkühlen lassen, danach aus den Förmchen lösen und
dicht nebeneinander auf eine Platte stellen. Die
Papierstreifen dekorativ auf die Oberfläche legen,
die Kuchen mit Puderzucker bestäuben und die
Streifen vorsichtig abheben.

TIPP
Statt Papierstreifen machen sich schmale Papierbordüren mit Lochmuster (aus dem Bastel-
bedarf) toll als Schablone. Wer die nicht bekommt, behilft sich ganz einfach mit einem
Stück Tortenspitze.

BROWNIES

50 g Sahne | 50 g Zartbitterschokolade |
100 g weiche Butter | 60 g Rohrzucker |
3 Eier (M) | 50 g Mehl | 1 EL Kakaopulver |
½ Pck. Schokoladenpuddingpulver | 100 g ge-
mahlene Walnüsse (ersatzweise Haselnüsse) |
50 g Vollmilchkuvertüre
Außerdem:
12 Mini-Förmchen | Einwegspritzbeutel

gut vorzubereiten

Für 12 Stück | 30 Min. Zubereitung |
20 Min. Backen
Pro Stück ca. 240 kcal, 4 g EW, 18 g F, 14 g KH

1 Den Backofen auf 180° vorheizen. Die Förmchen auf ein Backblech stellen. Die Sahne in einem
Topf bei schwacher bis mittlerer Hitze erwärmen.
Die Schokolade in Stücke brechen und unter Rühren darin schmelzen lassen.

2 Butter und Rohrzucker cremig rühren. Die Eier
einrühren, dann die Schokosahne unterrühren. Das
Mehl mit Kakaopulver, Puddingpulver und Walnüs-
sen mischen und unter den Teig heben.

3 Den Teig gleichmäßig auf die Förmchen verteilen und im heißen Ofen (Mitte) ca. 20 Min. backen.
Die Kuchen herausnehmen und ca. 10 Min. abkühlen lassen, danach aus den Förmchen lösen und
dicht nebeneinander auf eine Platte stellen.

4 Die Kuvertüre grob hacken und in einer Tasse
im heißen Wasserbad schmelzen lassen. Die geschmolzene Kuvertüre in den Spritzbeutel füllen,
die Spitze knapp abschneiden und die Brownies
mit feinen Linien verzieren.

CHAI-LATTE-KUCHEN

Würzig und dabei milchig-sanft – ich liebe Chai-Latte! Darum stand das beliebte Kultgetränk Pate für diese verführerischen Minis voller Indien-Flair.

100 g Butter
100 g Crème fraîche
1 Pck. Chai-Latte-Pulver (Instant)
50 g Honig
je ¼ TL gemahlener Anis, Kardamom und Zimtpulver
1 Prise gemahlene Nelken
3 Eier (M)
75 g Mehl
¼ TL Backpulver
100 g gemahlene Mandeln
Für die Chai-Latte-Sahne:
50 ml Milch
1 Pck. Chai-Latte-Pulver (Instant)
150 g Sahne
Außerdem:
12 Mini-Förmchen
Zimtpulver zum Bestäuben

ein Hauch Indien

Für 12 Stück |
30 Min. Zubereitung |
25 Min. Backen
Pro Stück ca. 245 kcal,
5 g EW, 21 g F, 11 g KH

1 Den Backofen auf 180° vorheizen. Die Förmchen auf ein Backblech stellen. Für den Teig die Butter in einem Topf schmelzen. Crème fraîche, Chai-Latte-Pulver, Honig und Gewürze in einer Schüssel glatt rühren (Bild 1). Die Eier unter Rühren zugeben. Mehl mit Backpulver mischen und mit den Mandeln und der geschmolzenen Butter unter den Teig rühren (Bild 2).

2 Den Teig gleichmäßig auf die Förmchen verteilen und im heißen Ofen (Mitte) ca. 25 Min. backen.

3 Inzwischen für die Chai-Latte-Sahne die Milch in einem kleinen Topf erhitzen. Das Chai-Latte-Pulver einrühren, die Mischung unter Rühren aufkochen und dann abkühlen lassen. Die Sahne steif schlagen und die Würzmilch nach und nach unterrühren (Bild 3). Die Chai-Latte-Sahne bis zum Servieren kühl stellen.

4 Die Kuchen aus dem Ofen nehmen und ca. 10 Min. abkühlen lassen, danach aus den Förmchen lösen. Die Chai-Latte-Sahne locker auf die Kuchen häufen und mit Zimtpulver bestäuben.

TIPP

Kein Chai-Latte-Pulver bekommen? Dann bereiten Sie die Würzmilch selbst zu: 1 EL Chai-Tee mit 150 ml Milch und 1 EL Honig unter Rühren aufkochen und bei schwacher Hitze ca. 5 Min. ziehen lassen. Danach durch ein Sieb gießen und abkühlen lassen. Die Hälfte davon statt Chai-Latte-Pulver unter den Teig rühren, die zweite Hälfte statt der Würzmilch unter die Schlagsahne. Anis, Kardamom, Nelken und Zimt können Sie auch durch 1 TL Lebkuchengewürz ersetzen.

HASELNUSSKUCHEN

100 g gemahlene Haselnüsse | 50 g Semmelbrösel | 3 Eier (M) | Salz | 90 g Zucker | 90 g weiche Butter | ¼ TL Zimtpulver | 100 g Aprikosenkonfitüre | 150 g Vollmilchglasur (Fertigprodukt) | 40 g gehackte Haselnüsse
Außerdem:
12 Mini-Förmchen

gut vorzubereiten

Für 12 Stück | 30 Min. Zubereitung |
25 Min. Backen
Pro Stück ca. 295 kcal, 4 g EW, 21 g F, 23 g KH

1 Den Backofen auf 180° vorheizen. Die Förmchen auf ein Backblech stellen. Gemahlene Haselnüsse und Semmelbrösel mischen. Die Eier trennen, die Eiweiße mit 1 Prise Salz und 40 g Zucker steif schlagen. Die Butter mit restlichem Zucker, Eigelben und Zimt cremig rühren.

2 Die Nussmischung und die Hälfte des Eischnees unterrühren, den übrigen Eischnee locker unterheben. Den Teig gleichmäßig auf die Förmchen verteilen und im heißen Ofen (Mitte) ca. 25 Min. backen. Die Kuchen herausnehmen und ca. 10 Min. abkühlen lassen, danach aus den Förmchen lösen.

3 Die Aprikosenkonfitüre erwärmen, durch ein Sieb streichen und die Kuchen damit bepinseln. Die Glasur über dem heißen Wasserbad schmelzen lassen. Die Kuchen damit überziehen und mit den gehackten Haselnüssen bestreuen.

TIPP
Für ein besonders nussiges Aroma röste ich Haselnüsse und Semmelbrösel in einer Pfanne ohne Fett an, bevor sie mit dem Eischnee in die Eigelbcreme gerührt werden.

ROTWEINKUCHEN

150 g weiche Butter | 150 g Zucker | 1 Pck. Vanillezucker | 3 Eier (M) | 200 g Mehl | 1 TL Backpulver | 1 TL Kakaopulver | ½ TL Zimtpulver | 120 ml Rotwein | 100 g Schokoladenstreusel | 100 g Puderzucker

Außerdem:
12 Mini-Förmchen

Partygänger

Für 12 Stück | 30 Min. Zubereitung |
25 Min. Backen
Pro Stück ca. 310 kcal, 4 g EW, 15 g F, 39 g KH

1 Den Backofen auf 180° vorheizen. Die Förmchen auf ein Backblech stellen. Für den Teig Butter, Zucker, Vanillezucker und Eier cremig rühren. Mehl, Backpulver, Kakaopulver und Zimt mischen. Die Mehlmischung mit 100 ml Rotwein unter die Eiercreme rühren. Die Schokostreusel unterheben.

2 Den Teig gleichmäßig auf die Förmchen verteilen und im heißen Ofen (Mitte) ca. 25 Min. backen. Die Kuchen herausnehmen und ca. 10 Min. abkühlen lassen, danach aus den Förmchen lösen.

3 Für die Glasur den Puderzucker mit dem restlichen Rotwein glatt rühren. Die Kuchen mit der Rotweinglasur überziehen.

TIPP

Sie haben noch einen Rest Glühwein übrig? Dann verwenden Sie diesen einfach statt Rotwein und erhöhen evtl. die Zimtmenge etwas. Diese würzig-wärmenden Punschküchlein sind genau richtig für die adventliche Kaffeetafel!

QUARKSTOLLEN

50 g Zitronat | 150 g Magerquark | 70 g weiche
Butter | 50 g Zucker | 2 Eier (M) | 5 Tropfen
Backöl Bittermandel | 5 Tropfen Backöl Zitrone |
50 g gehackte Mandeln | 100 g Rumrosinen
(Fertigprodukt) | 250 g Mehl | 1 TL Backpulver |
Puderzucker zum Bestäuben
Außerdem:
12 Mini-Förmchen

für den Adventsteller

Für 12 Stück | 25 Min. Zubereitung |
25 Min. Backen
Pro Stück ca. 235 kcal, 6 g EW, 8 g F, 33 g KH

1 Den Backofen auf 180° vorheizen. Die Förmchen auf ein Backblech stellen. Das Zitronat fein
hacken. Den Quark in ein Mull- oder Küchentuch
geben, die Enden zusammenfassen und den Quark
mit den Händen leicht auspressen.

2 In einer Schüssel 50 g Butter mit Zucker, Eiern,
Quark, Bittermandel- und Zitronenöl glatt rühren.
Zitronat, Mandeln und Rumrosinen unterrühren.
Das Mehl mit Backpulver mischen und unterheben.
Den Teig in 12 Stücke teilen und in die Förmchen
legen. Im heißen Ofen (Mitte) ca. 25 Min. backen.

3 Inzwischen die restliche Butter in einem kleinen
Topf schmelzen. Die Stollen aus dem Ofen nehmen
und noch heiß mit der geschmolzenen Butter bestreichen. Die Stollen ca. 10 Min. abkühlen lassen,
danach aus den Förmchen lösen und dick mit
Puderzucker bestäuben.

TIPP

Die kleinen Stollen schmecken am besten
frisch. In weihnachtliche Papierförmchen gesetzt und in eine Schachtel gepackt, sind sie
ein tolles Mitbringsel zum Adventskaffee.

MANDEL-MARZIPAN-STOLLEN

150 g Magerquark | 70 g weiche Butter |
50 g Zucker | 1 Pck. Vanillezucker | 2 Eier (M) |
1 TL abgeriebene Bio-Orangenschale |
225 g Mehl | 50 g gemahlene Mandeln |
1 TL Backpulver | 75 g Marzipanrohmasse |
50 g gehackte Mandeln | Puderzucker zum
Bestäuben
Außerdem:
Mehl zum Arbeiten | 12 Mini-Förmchen

Weihnachtsvergnügen

Für 12 Stück | 30 Min. Zubereitung |
25 Min. Backen
Pro Stück ca. 255 kcal, 7 g EW, 12 g F, 29 g KH

1 Den Backofen auf 180° vorheizen. Die Förmchen auf ein Backblech stellen. Den Quark in ein Mull- oder Küchentuch geben, die Enden zusammenfassen und mit den Händen leicht auspressen.

2 In einer Schüssel 50 g Butter mit Zucker und Vanillezucker cremig rühren. Eier, Orangenschale und Quark unterrühren. Mehl, gemahlene Mandeln und Backpulver mischen und unterheben.

3 Den Teig auf der bemehlten Arbeitsplatte zu einem Rechteck (ca. 30 × 20 cm) ausrollen. Das Marzipan auf die Teigplatte reiben und die gehackten Mandeln daraufstreuen. Den Teig dann von der Längsseite her aufrollen und in 12 Stücke teilen. Die Stücke in die Förmchen legen und im heißen Ofen (Mitte) ca. 25 Min. backen.

4 Inzwischen die restliche Butter schmelzen. Die Stollen aus dem Ofen nehmen und noch heiß mit der geschmolzenen Butter bestreichen. Die Stollen ca. 10 Min. abkühlen lassen, danach aus den Förmchen lösen und mit Puderzucker bestäuben.

FRECH UND FRUCHTIG

Süße Früchtchen, versteckt unter leckerem Teig – köstlicher kann
man sie gar nicht servieren! Ob Apfel-Marzipan-Päckchen, gestürzte Pflaumenküchlein oder sommerliche Beeren-Minis: Diese saftigen Minikuchen sind perfekt
fürs Picknick oder liebevoll verpackt als Gastgeschenk zur Sommerparty.

GRANATAPFEL-CHEESECAKE

Süße Küchlein, getoppt mit knackig-säuerlichem Granatapfelkompott – traumhaft!
Diese Leckerbissen können Sie nirgends kaufen, die gibt's nur selbst gebacken.

12 Kakaokekse (100 g)
400 g Doppelrahm-Frischkäse
2 EL Speisestärke
1 Ei (M)
75 g Zucker
100 g Sahne
1 EL Zitronensaft
Für das Granatapfelkompott:
1 Granatapfel
2 TL Speisestärke
100 ml Granatapfelsirup
1 EL Puderzucker
Außerdem:
12 Mini-Förmchen

Orient trifft Okzident

Für 12 Stück |
25 Min. Zubereitung |
25 Min. Backen
Pro Stück ca. 220 kcal,
3 g EW, 13 g F, 21 g KH

1 Den Backofen auf 180° vorheizen. Die Förmchen auf ein Backblech stellen. Die Kekse bei Bedarf in Stücke brechen und auf den Boden der Förmchen legen.

2 Den Frischkäse mit Speisestärke, Ei und Zucker glatt rühren. Sahne und Zitronensaft unterrühren. Die Creme dann gleichmäßig auf den Keksen verteilen und die Kuchen im heißen Ofen (Mitte) ca. 25 Min. backen. Dabei nach ca. 10 Min. alle Förmchen mit einem großen Bogen Alufolie abdecken, damit die Oberfläche der Kuchen nicht braun wird. Die Kuchen herausnehmen und ca. 10 Min. abkühlen lassen. Danach aus den Förmchen lösen und vollständig abkühlen lassen.

3 Für das Kompott den Granatapfel halbieren, 1 EL Kerne herauslösen und die Hälften auf der Zitruspresse vorsichtig auspressen. Den Saft mit der Stärke glatt rühren. Granatapfelsirup und Puderzucker aufkochen, die angerührte Speisestärke einrühren und aufkochen lassen. Die Kerne zugeben und bei schwacher Hitze ca. 5 Min. ziehen lassen. Das Kompott abkühlen lassen, dann mit einem Löffel auf die Kuchen träufeln.

TIPP   Granatapfelsirup bekommen Sie in gut sortierten Supermärkten und natürlich in türkischen Lebensmittelläden. Wenn nicht, verwenden Sie stattdessen Granatapfelsaft.

SCHOKO-BIRNEN-KUCHEN

3 Birnenhälften (ca. 150 g, aus der Dose) |
100 g weiche Butter | 100 g Rohrzucker | Fleur
de Sel | 1 Prise Pimentpulver | 3 Eier (M) |
1 Pck. Schokoladenpuddingpulver | 75 g Mehl |
½ TL Backpulver | 50 g Raspelschokolade |
2 EL Aprikosenkonfitüre
Außerdem:
12 Mini-Förmchen

Schokoglück

Für 12 Stück | 25 Min. Zubereitung |
25 Min. Backen
Pro Stück ca. 180 kcal, 3 g EW, 10 g F, 20 g KH

1 Den Backofen auf 180° vorheizen. Die Förmchen auf ein Backblech stellen. Birnen in einem Sieb abtropfen lassen, längs vierteln. Butter, Zucker, 1 Prise Fleur de Sel und Piment cremig rühren. Nacheinander Eier und Puddingpulver unterrühren.

Mehl und Backpulver mischen, mit der Schokolade unter den Teig heben.

2 Den Teig gleichmäßig auf die Förmchen verteilen und jeweils 1 Birnenspalte mit der Wölbung nach oben hineinstecken. Die Kuchen im heißen Ofen (Mitte) ca. 25 Min. backen.

3 Inzwischen die Konfitüre erwärmen und durch ein Sieb streichen. Die Kuchen aus dem Ofen nehmen und noch heiß mit der Konfitüre bepinseln. Ca. 10 Min. abkühlen lassen, danach aus den Förmchen lösen.

SCHOKO-PREISELBEER-KUCHEN

150 g weiche Butter | 75 g Zucker | 1 Pck. Vanillezucker | 3 Eier (M) | 50 g Kakaopulver | 150 g gemahlene Haselnüsse | ¼ TL Backpulver | 1 Bio-Orange | 100 g Crème fraîche | 1 TL Puderzucker | 100 g Preiselbeeren (aus dem Glas) | 1 EL Orangensaft
Außerdem:
12 Mini-Förmchen

glutenfrei

Für 12 Stück | 30 Min. Zubereitung | 25 Min. Backen
Pro Stück ca. 275 kcal, 4 g EW, 24 g F, 10 g KH

1 Den Backofen auf 180° vorheizen. Die Förmchen auf ein Backblech stellen. Für den Teig Butter, Zucker und Vanillezucker cremig rühren. Die Eier unter Rühren dazugeben. Kakao, Haselnüsse und Backpulver mischen und unter den Teig heben.

2 Den Teig gleichmäßig auf die Förmchen verteilen und im heißen Ofen (Mitte) ca. 25 Min. backen. Die Kuchen herausnehmen und ca. 10 Min. abkühlen lassen, danach aus den Förmchen lösen.

3 Für den Belag die Orange heiß abwaschen, abtrocknen und 1 TL Schale in feinen Streifen abziehen. Die Orangenzesten mit Crème fraîche und Puderzucker verrühren und locker auf die Kuchen häufen. Preiselbeeren und Orangensaft verrühren und gleichmäßig darauf verteilen.

TIPP

Die Minis fühlen sich auch unter einem Häubchen aus Preiselbeersahne sehr wohl. Dafür 100 g Sahne steif schlagen, Preiselbeeren und Orangenzesten unterheben und die Sahne auf den Kuchen verteilen.

APFEL-RÜHRKUCHEN

Erinnern Sie sich noch an Omas Apfelkuchen? Den backe ich hier ganz modern im Miniformat mit Knuspermandeln obendrauf. Wer kann da schon widerstehen!

150 g Butter
4 Äpfel (ca. 600 g)
1 EL Zitronensaft
1 Pck. Vanillezucker
3 Eier (M)
150 g Zucker
125 g Mehl
50 g Mandelblättchen
1 EL Puderzucker
2 EL Apfelgelee
Außerdem:
12 Mini-Förmchen

Evergreen

Für 12 Stück |
30 Min. Zubereitung |
25 Min. Backen
Pro Stück ca. 255 kcal,
4 g EW, 14 g F, 28 g KH

1 Den Backofen auf 180° vorheizen. Die Förmchen auf ein Backblech stellen. Die Butter in einem Topf bei schwacher Hitze schmelzen. Die Äpfel schälen, achteln und entkernen. Die Achtel in feine Scheiben schneiden und in einer Schüssel mit Zitronensaft und Vanillezucker mischen.

2 Die Eier zusammen mit dem Zucker hellcremig aufschlagen. Das Mehl unterheben und die geschmolzene Butter untermischen. Zuletzt die Apfelscheiben unter den Teig heben. Den Teig dann gleichmäßig auf die Förmchen verteilen und im heißen Ofen (Mitte) ca. 25 Min. backen.

3 Inzwischen die Mandelblättchen mit dem Puderzucker mischen und in einer Pfanne ohne Fett goldbraun rösten. Das Apfelgelee erwärmen. Die Kuchen aus dem Ofen nehmen, noch heiß mit dem Apfelgelee bestreichen und mit den karamellisierten Mandeln bestreuen. Die Kuchen ca. 10 Min. abkühlen lassen, danach aus den Förmchen lösen.

TIPP Statt Äpfeln machen sich auch Aprikosen sehr gut im Teig. Dafür 1 Dose Aprikosen (425 g Abtropfgewicht) in einem Sieb abtropfen lassen. Die Früchte klein würfeln und mit dem Vanillezucker bestreuen. Den Teig wie beschrieben zubereiten und zuletzt die Aprikosenwürfel unterheben. Den Teig auf die Förmchen verteilen und wie beschrieben backen. Die Kuchen leicht abgekühlt aus den Förmchen lösen und mit Puderzucker bestäubt servieren.

APFEL-MARZIPAN-PÄCKCHEN

Unter zartem Mürbeteig verstecken sich Äpfel und Marzipan. Diese fruchtigen Päckchen sind das perfekte Mitbringsel für Gartenparty oder Picknick.

150 g weiche Butter
75 g Zucker
Salz
1 Ei (M)
250 g Mehl
1 Eigelb (M)
1 TL Milch
Für die Füllung:
4 Äpfel (ca. 600 g)
1 Pck. Vanillezucker
50 g Marzipanrohmasse
Außerdem:
Mehl zum Arbeiten
12 Mini-Förmchen

gelungene Überraschung

Für 12 Stück |
45 Min. Zubereitung |
30 Min. Kühlen |
25 Min. Backen
Pro Stück ca. 235 kcal,
3 g EW, 12 g F, 27 g KH

1 Für den Teig die Butter mit Zucker, 1 Prise Salz und Ei cremig rühren. Das Mehl zufügen und alles zu einem glatten Teig verkneten. Den Teig in Folie wickeln und ca. 30 Min. kühlen.

2 Für die Füllung die Äpfel schälen und auf der Küchenreibe bis auf das Kerngehäuse grob raspeln (Bild 1). Die Raspel mit dem Vanillezucker vermischen. Das Marzipan ebenfalls grob raspeln.

3 Den Backofen auf 180° vorheizen. Den Teig auf der bemehlten Arbeitsfläche ca. 3 mm dick ausrollen. Die Förmchen mit der Öffnung nach unten auf den Teig stellen und ringsum mit einem scharfen Messer ausschneiden (Bild 2). Die Förmchen danach auf ein Backblech stellen und die Teigstücke hineinlegen. Die Apfel- und Marzipanraspel auf dem Teig verteilen.

4 Den restlichen Teig zusammenfassen, wieder ausrollen und 12 Deckel (4 × 7 cm) sowie 24 kleine Blättchen ausschneiden. Die Teigdeckel auf die Füllung legen und am Rand etwas andrücken (Bild 3). Mit den Blättchen dekorieren.

5 Eigelb und Milch verquirlen und die Apfelpäckchen mit der Hälfte davon bestreichen. Die Päckchen im heißen Ofen (Mitte) ca. 25 Min. backen. Währenddessen nochmals mit der restlichen Eigelbmischung bestreichen. Die Päckchen herausnehmen und ca. 10 Min. abkühlen lassen, danach aus den Förmchen lösen.

BEEREN-MINIS

Sommerbeeren mit Biskuit und leichter Joghurt-Pistazien-Creme – diese Kombination schmeckt einfach himmlisch! Ein echter Hingucker auf Ihrer Kaffeetafel!

50 g Butter
3 Eier (M)
Salz
90 g Zucker
90 g Mehl
Für den Belag:
750 g gemischte Beeren
(z. B. Erdbeeren, Himbeeren,
Heidelbeeren, Brombeeren)
1 Pck. Vanillezucker
150 g Doppelrahm-Frischkäse
100 g Joghurt
1 EL Zitronensaft
2 EL Puderzucker
40 g gemahlene Pistazien
¼ l roter Fruchtsaft
2 EL Zucker
1 Pck. klarer Tortenguss
Außerdem:
12 Mini-Förmchen

ausgefallener Leckerbissen

Für 24 Stück |
1 Std. Zubereitung |
20 Min. Backen
Pro Stück ca. 235 kcal,
5 g EW, 11 g F, 28 g KH

1 Den Backofen auf 180° vorheizen. Die Förmchen auf ein Backblech stellen. Die Butter bei schwacher Hitze schmelzen.

2 Für den Teig die Eier mit 1 Prise Salz und Zucker in ca. 6 Min. hellcremig aufschlagen. Das Mehl darübersieben, die geschmolzene Butter dazugießen und alles locker vermischen. Den Teig gleichmäßig auf die Förmchen verteilen und im heißen Ofen (Mitte) ca. 20 Min. backen. Die Kuchen herausnehmen und ca. 10 Min. abkühlen lassen, danach aus den Förmchen lösen.

3 Für den Belag die Beeren putzen oder verlesen, bei Bedarf kurz abspülen und trocken tupfen. Die Beeren dann mit dem Vanillezucker vermischen. Frischkäse, Joghurt, Zitronensaft und Puderzucker verrühren. Die Pistazien unter die Creme heben.

4 Die Kuchen waagerecht halbieren und auf eine Platte legen. Die Hälften mit der Pistaziencreme bestreichen und mit den Beeren belegen. Fruchtsaft, Zucker und Tortenguss in einem Topf verrühren und nach Packungsangabe einen Tortenguss kochen. Die Törtchen damit überziehen und bis zum Servieren kühlen.

TIPP

Je nach Saison belege ich die Törtchen auch gerne mit frischen Früchten, z. B. mit Kirschen, Nektarinen, Aprikosen oder Mangos. Was auf dem Markt eben gerade da ist!

JOHANNISBEER-MANDELBAISER

300 g Rote Johannisbeeren | 150 g Butter |
4 Eier (M) | 180 g Zucker | 100 g Mehl | 50 g gemahlene Mandeln | 1 EL Mandelblättchen
Außerdem:
12 Mini-Förmchen

sommerlicher Fruchtgenuss

Für 12 Stück | 35 Min. Zubereitung |
25 Min. Backen
Pro Stück ca. 220 kcal, 4 g EW, 14 g F, 19 g KH

1 Den Backofen auf 180° vorheizen. Die Förmchen auf ein Backblech stellen. Die Johannisbeeren kurz abspülen, abtropfen lassen und von den Rispen streifen. Einige Beeren beiseitelegen.

2 Für den Teig die Butter schmelzen, 2 Eier trennen. Die Eigelbe mit den beiden restlichen Eiern und 100 g Zucker hellcremig aufschlagen. Mehl und gemahlene Mandeln mischen und mit der geschmolzenen Butter unter die Eiermasse rühren. Die Beeren unterheben, den Teig gleichmäßig auf die Förmchen verteilen und im heißen Ofen (Mitte) ca. 15 Min. backen.

3 Inzwischen die Eiweiße mit dem restlichen Zucker steif schlagen und die Mandelblättchen unterheben. Das Mandelbaiser locker auf den Kuchen verteilen und diese noch ca. 10 Min. weiterbacken.

4 Beiseitegelegte Johannisbeeren auf das Baiser streuen und die Kuchen im ausgeschalteten Ofen noch ca. 5 Min. ruhen lassen. Danach herausnehmen, ca. 10 Min. abkühlen lassen und die Kuchen vorsichtig aus den Förmchen lösen.

TIPP

Am besten schmecken diese Törtchen frisch, wenn das Baiser zart-knusprig ist. Sind doch einige Küchlein übrig, legt man sie in eine gut schließende Blechdose und lagert sie bis zum nächsten Tag an einem trockenen Ort.

HEIDELBEERKUCHEN

200 g Heidelbeeren | 1 Pck. Vanillezucker |
125 g Butter | 2 Eier (M) | 100 g Zucker |
100 g Joghurt | 225 g Mehl | 1 TL Backpulver |
Puderzucker zum Bestäuben
Außerdem:
12 Mini-Förmchen

klassisch gut

Für 12 Stück | 25 Min. Zubereitung |
25 Min. Backen
Pro Stück ca. 205 kcal, 4 g EW, 10 g F, 24 g KH

1 Den Backofen auf 180° vorheizen. Die Förmchen auf ein Backblech stellen. Die Heidelbeeren verlesen, kurz abspülen, trocken tupfen und mit dem Vanillezucker mischen. Die Butter schmelzen.

2 Eier, Zucker und Joghurt verquirlen. Mehl und Backpulver mischen und mit der geschmolzenen Butter unter die Eiermasse rühren. Die Beeren unterheben. Den Teig auf die Förmchen verteilen und im Ofen (Mitte) ca. 25 Min. backen. Herausnehmen und ca. 10 Min. abkühlen lassen, danach aus den Förmchen lösen. Mit Puderzucker bestäuben.

MANGO-SCHMAND-KUCHEN

1 Dose Mangos (250 g Abtropfgewicht) |
100 g weiche Butter | 80 g Zucker | 2 Eier (M) |
100 g Schmand | 150 g Mehl | ½ TL Backpulver |
Puderzucker zum Bestäuben
Außerdem:
12 Mini-Förmchen

blitzschnell

Für 12 Stück | 20 Min. Zubereitung |
25 Min. Backen
Pro Stück ca. 205 kcal, 3 g EW, 10 g F, 26 g KH

1 Den Backofen auf 180° vorheizen. Die Förmchen auf ein Backblech stellen. Die Mangos abgießen, abtropfen lassen und in Spalten schneiden.

2 Butter, Zucker und Eier cremig rühren. Den Schmand unterrühren. Mehl und Backpulver mischen und unterheben. Den Teig gleichmäßig auf die Förmchen verteilen, die Mangospalten darauflegen und im Ofen (Mitte) ca. 25 Min. backen. Die Kuchen herausnehmen und ca. 10 Min. abkühlen lassen, danach aus den Förmchen lösen. Mit Puderzucker bestäubt servieren.

GESTÜRZTES PFLAUMENKÜCHLEIN

Im Sommer kann ich es kaum erwarten, bis die ersten heimischen Pflaumen auf den Markt kommen. Sie schenken diesen unkomplizierten Minikuchen ein wundervolles Aroma.

100 g Zucker
500 g Pflaumen
100 g weiche Butter
2 Eier (M)
125 g Mehl
¼ TL Backpulver
Außerdem:
12 Mini-Förmchen

für Genießer

Für 12 Stück |
30 Min. Zubereitung |
25 Min. Backen
Pro Stück ca. 165 kcal,
3 g EW, 8 g F, 20 g KH

1 Den Backofen auf 180° vorheizen. Die Förmchen auf ein Backblech stellen und jeweils ½ TL Zucker hineinstreuen.

2 Die Pflaumen waschen, halbieren und entsteinen. Die Hälften vierteln und mit der Schnittfläche auf den Boden der Förmchen legen. Die Butter mit dem restlichen Zucker und den Eiern cremig rühren. Das Mehl mit Backpulver mischen und unterheben.

3 Den Teig gleichmäßig auf den Pflaumen verteilen. Die Kuchen im heißen Ofen (Mitte) ca. 25 Min. backen. Herausnehmen und ca. 2 Min. abkühlen lassen, dann sofort aus den Förmchen stürzen. Die Kuchen vollständig abkühlen lassen.

VARIANTE VERSUNKENER ZWETSCHGENKUCHEN
Dafür 400 g Zwetschgen waschen, halbieren und entsteinen. Die Hälften längs vierteln. ½ TL Zimtpulver mit 1 EL Zucker mischen und über die Zwetschgenspalten streuen. Für den Teig 180 g weiche Butter mit 180 g Zucker, 1 Prise Salz, 3 Eiern (M) und 1 EL Zwetschgenwasser (nach Belieben) cremig rühren. 180 g Mehl mit 1 TL Backpulver und 30 g Speisestärke mischen und unterrühren. Die Zwetschgen unterheben. Den Teig auf die Förmchen verteilen und im auf 180° vorgeheizten Ofen (Mitte) ca. 25 Min. backen. Herausnehmen und ca. 10 Min. abkühlen lassen. Die Kuchen danach aus den Förmchen lösen und mit Puderzucker bestäuben.

RÜBLIKUCHEN

200 g Möhren | 50 g Marzipanrohmasse | 125 g weiche Butter | 75 g Zucker | 1 Pck. Vanillezucker | ¼ TL Ingwerpulver | 3 Eier (M) | 100 g Mehl | 100 g gemahlene Mandeln | 1 TL Backpulver | 100 g Puderzucker | 1 EL Zitronensaft | 12 Marzipanmöhrchen (Fertigprodukt)
Außerdem:
12 Mini-Förmchen

Häschens Liebling

Für 12 Stück | 35 Min. Zubereitung | 25 Min. Backen
Pro Stück ca. 255 kcal, 3 g EW, 15 g F, 28 g KH

1 Den Backofen auf 180° vorheizen. Die Förmchen auf ein Backblech stellen. Für den Teig die Möhren putzen, dünn schälen und auf der Küchenreibe fein raspeln. Die Marzipanrohmasse auf der Reibe grob raspeln.

2 Die Butter mit Zucker, Vanillezucker, Ingwerpulver, Eiern und Marzipan cremig rühren. Mehl, Mandeln und Backpulver mischen und mit den Möhrenraspeln unterrühren.

3 Den Teig gleichmäßig auf die Förmchen verteilen und im heißen Ofen (Mitte) ca. 25 Min. backen. Herausnehmen und ca. 10 Min. abkühlen lassen, danach aus den Förmchen lösen.

4 Für die Glasur Puderzucker, Zitronensaft und 1 EL Wasser glatt rühren. Die Kuchen damit überziehen und mit den Marzipanmöhrchen dekorieren.

ROTE-BETE-KUCHEN

2 gekochte Rote-Bete-Knollen (ca. 200 g) |
1 EL Sonnenblumenöl | 75 g Butter | 3 Eier (M) |
75 g Zucker | Salz | 175 g Mehl | 1 TL Backpulver |
1 EL Himbeersirup | 1 EL Puderzucker
Außerdem:
12 Mini-Förmchen

ungewöhnliche Leckerei

Für 12 Stück | 30 Min. Zubereitung |
25 Min. Backen
Pro Stück ca. 160 kcal, 3 g EW, 8 g F, 21 g KH

1 Den Backofen auf 180° vorheizen. Die Förmchen auf ein Backblech stellen. Für den Teig die
Roten Beten in kleine Würfel schneiden und mit
dem Öl im Mixer fein pürieren. Die Butter schmelzen. Die Eier mit Zucker und 1 Prise Salz hellcremig
aufschlagen. Mehl und Backpulver mischen und
mit der geschmolzenen Butter unterheben.

2 Den Teig halbieren. Unter eine Hälfte das Rote-
Bete-Püree und den Himbeersirup rühren.

3 Den hellen Teig gleichmäßig auf die Förmchen
verteilen. Den Rote-Bete-Teig daraufgeben und
beide Teige mit einer Gabel zu einem Marmormuster verzieren. Im heißen Ofen (Mitte) ca. 25 Min.
backen. Die Kuchen herausnehmen und ca. 10 Min.
abkühlen lassen, danach aus den Förmchen lösen.

4 Inzwischen für die Glasur den Puderzucker mit
1 EL heißem Wasser verrühren. Die noch warmen
Kuchen damit überziehen.

EUROPAREISE

Zum Montblanc nach Frankreich, für zwölf kleine Sacher nach Wien oder lieber ein sonniger Aufstieg zum Walliser Nusstörtchen? Die große Europatournee startet ganz entspannt in Ihrer Küche! Diese süßen Minis sind feine Klassiker für Entdeckungslustige. Wo soll die Reise hingehen?

SACHERTORTE XS

Der kleinen Wienerin im Zwölferpack kann man einfach nicht widerstehen.
Perfekt dazu: ein großer Brauner.

100 g Zartbitterschokolade
(mind. 70 % Kakaoanteil)
4 Eier (M)
Salz
50 g Zucker
100 g weiche Butter
50 g Puderzucker
50 g gemahlene geschälte
Mandeln
75 g Mehl
100 g Aprikosenkonfitüre
200 g Zartbitterkuvertüre
Außerdem:
12 Mini-Förmchen
Einwegspritzbeutel

zum Dahinschmelzen

Für 12 Stück |
30 Min. Zubereitung |
30 Min. Backen
Pro Stück ca. 285 kcal,
5 g EW, 19 g F, 24 g KH

1 Den Backofen auf 180° vorheizen. Die Förmchen auf ein Backblech stellen. Für den Teig die Schokolade in Stücke brechen und in einer Schüssel über dem heißen Wasserbad schmelzen lassen. Die Eier trennen und die Eiweiße mit 1 Prise Salz steif schlagen. Den Zucker unter Rühren dazugeben.

2 Die Butter mit Puderzucker, Eigelben und geschmolzener Schokolade cremig rühren. Die Hälfte des Eischnees unterziehen. Mandeln und Mehl mischen und zusammen mit dem restlichen Eischnee unter den Schokoteig heben.

3 Den Teig gleichmäßig auf die Förmchen verteilen und im Ofen (Mitte) ca. 30 Min. backen. Die Kuchen herausnehmen und ca. 10 Min. abkühlen lassen, danach aus den Förmchen lösen.

4 Die Konfitüre erwärmen und durch ein Sieb streichen. Die Kuchen rundum damit bepinseln. Die Kuvertüre grob hacken und über dem heißen Wasserbad schmelzen lassen. Die Kuchen mit drei Vierteln davon überziehen. Die restliche Kuvertüre in den Spritzbeutel füllen, ein winziges Loch einschneiden und jeweils ein »S« auf die Kuchen spritzen.

TIPP Für Geburtstagsfeiern spritze ich statt dem »S« auf jeden Kuchen einen Buchstaben oder ein Herz (z. B. »GEBURTS-TAG« und zwei Herzen). Dann setze ich sie auf einem Tablett oder einer Servierplatte zum süßen Gruß zusammen.

NUSSZÖPFCHEN

100 ml Milch | 100 g Butter | 2 Eier (M) |
300 g Mehl | ¼ TL Salz | 1 Pck. Trockenhefe |
50 g Zucker | 100 g gemahlene Haselnüsse |
100 g gehackte Haselnüsse | ¼ TL Zimtpulver |
¼ TL gemahlene Nelken | 1 TL Kakaopulver |
50 g Puderzucker | 3 EL Sahne
Außerdem:
Mehl zum Arbeiten | 12 Mini-Förmchen

deutscher Klassiker

Für 12 Stück | 45 Min. Zubereitung |
30 Min. Ruhen | 25 Min. Backen
Pro Stück ca. 320 kcal, 7 g EW, 20 g F, 29 g KH

1 Für den Teig die Milch erwärmen und die Butter darin schmelzen. Eier trennen, die Eiweiße kühlen. Mehl, Salz und Hefe mischen. Zucker, Milch und Eigelbe zugeben und rasch zu einem glatten Teig verkneten. Zugedeckt ca. 30 Min. gehen lassen.

2 Den Backofen auf 180° vorheizen. Für die Füllung gemahlene und gehackte Haselnüsse in einer Pfanne ohne Fett anrösten. Zimt, Nelken, Kakao und Puderzucker untermischen. Die Eiweiße verquirlen und die Nussmischung unterrühren.

3 Den Hefeteig in 3 Portionen teilen. Ein Drittel auf der bemehlten Arbeitsfläche zu einem Rechteck (ca. 36 × 18 cm) ausrollen. Das Rechteck mit 1 EL Sahne und einem Drittel der Nussmasse bestreichen, dann längs in 3 Streifen (ca. 6 cm breit) schneiden. Die Streifen von der Längsseite her zu Strängen aufrollen und zu einem Zopf flechten. Den Zopf in 4 Stücke teilen und in die Förmchen legen. Mit dem restlichen Teig wiederholen.

4 Die Kuchen im heißen Ofen (Mitte) ca. 25 Min. backen. Herausnehmen und ca. 10 Min. abkühlen lassen, danach aus den Förmchen lösen.

STREUSELKUCHEN

100 ml Milch | 200 g Butter | 425 g Mehl |
¼ TL Salz | 1 Pck. Trockenhefe | 125 g Zucker |
1 Ei (M) | 1 Pck. Vanillezucker | 2 EL Aprikosen-
konfitüre

Außerdem:
Mehl zum Arbeiten | 12 Mini-Förmchen

sächsisches Kuchenglück

Für 12 Stück | 30 Min. Zubereitung |
30 Min. Ruhen | 25 Min. Backen
Pro Stück ca. 310 kcal, 5 g EW, 15 g F, 39 g KH

1 Für den Teig die Milch in einem Topf bei schwacher Hitze erwärmen und 100 g Butter darin
schmelzen. In einer Schüssel 300 g Mehl mit Salz
und Hefe mischen. Dann 50 g Zucker, Ei und die
warme Milch zugeben und alles rasch zu einem
glatten Teig verkneten. Diesen zugedeckt an einem
warmen Ort ca. 30 Min. gehen lassen.

2 Den Backofen auf 180° vorheizen. Die Förmchen auf ein Backblech stellen. Für die Streusel
restliches Mehl, restlichen Zucker, Vanillezucker
und die übrige Butter in Flöckchen mischen und
mit den Händen zu Streuseln verarbeiten.

3 Den Hefeteig auf der bemehlten Arbeitsfläche
durchkneten und zu einer ca. 30 cm langen Rolle
formen. Die Rolle in 12 Stücke teilen, diese in die
Förmchen legen und flach drücken. Die Aprikosenkonfitüre erwärmen und den Teig damit bestreichen. Die Streusel darauf verteilen.

4 Die Kuchen im heißen Ofen (Mitte) ca. 25 Min.
backen. Herausnehmen und ca. 10 Min. abkühlen
lassen, danach aus den Förmchen lösen.

WALLISER NUSSTÖRTCHEN

Diese nussigen Törtchen sind mein allerliebster Proviant bei Bergtouren. Die kleinen, süßen Kraftpakete entfalten ihr volles Aroma nach 3–4 Tagen Ruhezeit.

250 g Mehl
Salz
50 g Zucker
150 g kalte Butter
1 Ei (M)
1 Eigelb (M)
1 TL Milch
Für die Füllung:
100 g Walnusskerne (ersatzweise Haselnusskerne)
50 g Zucker
75 g Sahne
1 EL Honig
1 EL Kirschwasser
(nach Belieben)
Außerdem:
Mehl zum Arbeiten
12 Mini-Förmchen

süße Grüße aus der Schweiz

Für 12 Stück |
50 Min. Zubereitung |
30 Min. Kühlen |
25 Min. Backen
Pro Stück ca. 290 kcal,
4 g EW, 18 g F, 26 g KH

1 Für den Teig das Mehl mit 1 Prise Salz auf die Arbeitsfläche sieben. In die Mitte eine Mulde drücken. Zucker, Butter in Flöckchen und Ei zufügen und alles rasch zu einem glatten Teig verkneten. Diesen in Frischhaltefolie wickeln und ca. 30 Min. kühlen.

2 Inzwischen für die Füllung die Walnusskerne grob hacken. Den Zucker in einer beschichteten Pfanne oder einem schweren Topf bei mittlerer Hitze schmelzen lassen. Sahne und Honig zugeben und rühren, bis sich der Zucker vollständig gelöst hat. Die Nüsse und nach Belieben das Kirschwasser unterrühren.

3 Den Backofen auf 180° vorheizen. Den Teig auf der bemehlten Arbeitsfläche ca. 3 mm dick ausrollen. Die Förmchen mit der Öffnung nach unten auf den Teig stellen und ringsum mit einem scharfen Messer ausschneiden. Die Förmchen auf ein Backblech stellen und die Teigstücke hineinlegen. Die Nussmasse gleichmäßig auf dem Teig verteilen.

4 Den restlichen Teig zusammenfassen, wieder ausrollen und in Größe der Förmchen 12 Deckel ausschneiden. Die Teigdeckel auf die Füllung legen und rundum etwas andrücken. Mit einer bemehlten Gabel ein Muster in die Oberfläche drücken.

5 Eigelb und Milch verrühren und die Törtchen mit der Hälfte davon bestreichen. Die Törtchen im heißen Ofen (Mitte) ca. 25 Min. backen. Zwischendurch mit der restlichen Eigelbmischung bestreichen. Die Törtchen herausnehmen und ca. 10 Min. abkühlen lassen, danach aus den Förmchen lösen.

KLEINE KÄSESAHNE MIT MANDARINEN

Bei mir schlüpft der bekannte Klassiker in ein modernes Gewand. Wetten, dass die fruchtigen Törtchen bald zu Ihren absoluten Lieblingen gehören?

2 Eier (M)
60 g Zucker
Salz
60 g Mehl
Für die Füllung:
3 Blatt Gelatine
2 Eigelb (M)
50 g Puderzucker
200 g Magerquark
1 EL Zitronensaft
150 g Sahne
2 EL Aprikosenkonfitüre
1 Dose Mandarinen (175 g Abtropfgewicht)
Außerdem:
12 Mini-Förmchen
Spritzbeutel mit Lochtülle
(8–10 mm ∅)

fruchtiger Kuchentraum

Für 12 Stück |
35 Min. Zubereitung |
20 Min. Backen |
2 Std. Kühlen
Pro Stück ca. 150 kcal,
4 g EW, 7 g F, 18 g KH

1 Den Backofen auf 180° vorheizen. Die Förmchen auf ein Backblech stellen. Für den Teig die Eier mit Zucker und 1 Prise Salz in ca. 5 Min. hellcremig aufschlagen. Das Mehl unterheben. Den Teig gleichmäßig auf die Förmchen verteilen und im heißen Ofen (Mitte) ca. 20 Min. backen. Die Kuchen herausnehmen und ca. 10 Min. abkühlen lassen, danach aus den Förmchen lösen.

2 Für die Füllung die Gelatine in etwas kaltem Wasser einweichen. Die Eigelbe mit Puderzucker über dem heißen Wasserbad hellcremig aufschlagen. Quark und Zitronensaft glatt rühren. Die Eigelbmasse unterrühren. Die Gelatine bei schwacher Hitze unter Rühren auflösen. Zuerst etwas Quarkcreme unter die Gelatine rühren, dann die Gelatinemischung mit der restlichen Quarkcreme verrühren. Die Sahne steif schlagen und unterheben.

3 Die Konfitüre erwärmen. Die Mandarinen in ein Sieb abgießen und abtropfen lassen, 12 schöne Spalten beiseitelegen.

4 Die Böden mit Konfitüre bestreichen und mit den Mandarinen belegen. Die Quarkcreme in den Spritzbeutel füllen und wellenförmig daraufspritzen. Die Törtchen mit den restlichen Mandarinenspalten dekorieren und mindestens 2 Std. kühl stellen.

MONTBLANC-TÖRTCHEN

Und schon wieder habe ich keine Zeit für eine Bergtour! Na ja, macht nichts. Mit diesen frisch verschneiten Törtchen hole ich mir die Berge ganz einfach nach Hause.

3 Eier (M)
Salz
150 g weiche Butter
75 g Rohrzucker
100 g Maronencreme
(aus dem Glas)
100 g Kastanienmehl
1 TL Backpulver
Für die Schokosahne:
100 g weiße Schokolade
1 TL neutrales Öl
400 g Sahne
1 Pck. Sahnefestiger
1 EL Maronenlikör
(nach Belieben)
Außerdem:
12 Mini-Förmchen
Spritzbeutel mit Lochtülle
(8–10 mm ⌀)

Törtchen-Tour-de-France

Für 12 Stück |
40 Min. Zubereitung |
25 Min. Backen
Pro Stück ca. 335 kcal,
4 g EW, 26 g F, 22 g KH

1 Den Backofen auf 180° vorheizen. Die Förmchen auf ein Backblech stellen. Für den Teig die Eier trennen, die Eiweiße mit 1 Prise Salz steif schlagen. Butter, Zucker und Eigelbe cremig rühren, die Maronencreme unterrühren. Kastanienmehl und Backpulver mischen und mit dem Eischnee unter die Maronenmasse heben.

2 Den Teig gleichmäßig auf die Förmchen verteilen und im heißen Ofen (Mitte) ca. 25 Min. backen. Herausnehmen und die Kuchen ca. 10 Min. abkühlen lassen, danach aus den Förmchen lösen (Bild 1).

3 Für die Schokosahne die Schokolade halbieren und eine Hälfte mit einem scharfen Messer in Späne hobeln (Bild 2). Die zweite Hälfte in Stücke brechen und mit dem Öl in einer Schüssel über dem heißen Wasserbad schmelzen lassen.

4 Die Sahne mit dem Sahnefestiger steif schlagen. Die geschmolzene Schokolade und nach Belieben den Maronenlikör unterrühren. Die Schokocreme in den Spritzbeutel füllen und bergspitzenartig auf die Böden spritzen (Bild 3). Die Törtchen mit den Schokospänen verzieren und bis zum Servieren kühlen.

TIPP

Krönen Sie die Kuchen zur Abwechslung doch mal mit Maronensahne. Dafür 400 g Sahne mit 1 Pck. Sahnefestiger steif schlagen und 100 g Maronencreme und 1 EL Maronenlikör (nach Belieben) unterheben. Die Maronensahne auf die Kuchen spritzen und mit den Schokospänen bestreuen.

BRETONISCHER BUTTERKUCHEN

150 g Mehl | Salz | ½ TL Trockenhefe | 150 g Butter | 125 g Zucker | 3 Eigelb (M)
Außerdem:
12 Mini-Förmchen

besser als in Frankreich

Für 12 Stück | 25 Min. Zubereitung |
25 Min. Backen
Pro Stück ca. 180 kcal, 2 g EW, 11 g F, 19 g KH

1 Den Backofen auf 180° vorheizen. Die Förmchen auf ein Backblech stellen. Mehl, ¼ TL Salz und Hefe in einer Schüssel mischen. Die Butter in Flöckchen teilen, mit dem Zucker untermischen. Dann 2 Eigelbe zugeben und alles rasch zu einem glatten Teig verkneten. Den Teig in 12 Stücke teilen und in die Förmchen drücken. Mit einer bemehlten Kuchengabel ein Muster in die Oberfläche der Teigstücke drücken.

2 Das restliche Eigelb glatt rühren und die Kuchen damit bestreichen.

3 Die Kuchen im heißen Ofen (Mitte) ca. 25 Min. backen. Herausnehmen und ca. 10 Min. abkühlen lassen, danach aus den Förmchen lösen.

TIPP

So richtig original schmecken die Butterkuchen mit 150 g französischer Meersalzbutter. Die bekommen Sie mittlerweile auch bei uns im gut sortierten Supermarkt. Dann brauchen Sie natürlich kein weiteres Salz mehr.

SPANISCHER MANDELKUCHEN

4 Eier (M) | Salz | 100 g Zucker | 2 EL Mandel-
likör (z. B. Amaretto, ersatzweise Milch) |
200 gemahlene geschälte Mandeln | 50 g Mehl |
¼ TL Backpulver | 24 Mandeln | Puderzucker
zum Bestäuben
Außerdem:
12 Mini-Förmchen

feiner Leckerbissen

Für 12 Stück | 20 Min. Zubereitung |
25 Min. Backen
Pro Stück ca. 220 kcal, 7 g EW, 13 g F, 19 g KH

1 Den Backofen auf 180° vorheizen. Die Förmchen auf ein Backblech stellen. Die Eier trennen
und die Eiweiße mit 1 Prise Salz steif schlagen. Die
Eigelbe mit dem Zucker hellcremig aufschlagen.
Den Mandellikör und die gemahlenen Mandeln
unter die Eigelbcreme rühren.

2 Den Eischnee auf die Eigelbcreme geben. Mehl
und Backpulver mischen und darüberstreuen. Eischnee und Mehlmischung behutsam unterheben.

3 Den Teig gleichmäßig auf die Förmchen verteilen und jeweils 2 ganze Mandeln darauflegen. Die
Kuchen im heißen Ofen (Mitte) ca. 25 Min. backen.
Herausnehmen und die Kuchen ca. 10 Min. abkühlen lassen, danach aus den Förmchen lösen und
mit Puderzucker bestäuben.

TIPP

Sehr gut passt dazu ein Gläschen trockener
Sherry. Sein Aroma erinnert ein wenig an Mandeln und Hefe – die perfekte Ergänzung zu
diesen Kuchen.

SCHICHTTÖRTCHEN

Schicht für Schicht ein Kuchengedicht! Die zarten Törtchen machen zwar ein bisschen mehr Arbeit, lassen sich aber wunderbar vorbereiten.

150 g weiche Butter
150 g Zucker
1 Pck. Vanillezucker
3 Eier (M)
100 g Mehl
50 g Speisestärke
½ TL Backpulver
Für Füllung und Deko:
100 g Zartbitterkuvertüre
1 EL Zucker
150 g Marzipanrohmasse
100 g Aprikosenkonfitüre
1 EL Aprikosenlikör (nach
Belieben)
100 g Zartbitterglasur
(Fertigprodukt)
50 g Schokospäne zum
Bestreuen (siehe Tipp)
Außerdem:
12 Mini-Förmchen

k.-und-k.-Prunkstück

Für 12 Stück |
1 Std. Zubereitung |
25 Min. Backen |
2 Std. Kühlen
Pro Stück ca. 415 kcal,
5 g EW, 23 g F, 47 g KH

1 Den Backofen auf 180° vorheizen. Die Förmchen auf ein Back-blech stellen. Für den Teig die Butter mit Zucker, Vanillezucker und Eiern cremig rühren. Mehl, Speisestärke und Backpulver mischen und unterheben. Den Teig gleichmäßig auf die Förmchen verteilen und im heißen Ofen (Mitte) ca. 25 Min. backen. Herausnehmen und die Kuchen ca. 10 Min. abkühlen lassen. Danach aus den Förmchen lösen und vollständig abkühlen lassen.

2 Für die Füllung die Kuvertüre in Stücke brechen. Den Zucker mit 3 EL Wasser unter Rühren aufkochen. Die Kuvertüre zugeben und alles zu einer glatten Creme verrühren, beiseitestellen.

3 Die Marzipanrohmasse zwischen Frischhaltefolie ausrollen und 12 Rechtecke in Förmchengröße (ca. 9 × 6 cm) ausschneiden. Die Aprikosenkonfitüre erwärmen und durch ein Sieb streichen. Nach Belieben den Aprikosenlikör unterrühren.

4 Die Kuchen zweimal waagerecht durchschneiden. Die unteren Böden nebeneinander auf eine Platte legen und mit Schokocreme bestreichen. Die mittleren Böden auflegen, etwas andrücken und mit Konfitüre bestreichen. Je 1 Marzipanrechteck auflegen und die Deckel daraufsetzen. Die Törtchen mit Frischhaltefolie bedecken, mit einem Brett beschweren und ca. 2 Std. kühlen.

5 Für die Deko die Glasur über dem heißen Wasserbad schmelzen lassen. Die Kuchen damit bestreichen und mit den Schokospänen bestreuen. Zum Servieren in Scheiben schneiden.

TIPP Für Schokospäne 50 g gehackte Zartbitterkuvertüre in einer Tasse im heißen Wasserbad schmelzen lassen. Die flüssige Schokolade dünn auf Backpapier streichen und ca. 30 Min. kühlen, bis sie fest ist. Danach das Papier eng aufrollen, sodass unregelmäßige Schokoröllchen entstehen.

ESPRESSO-CREMETÖRTCHEN

Diese Törtchen sind für die italienischen Momente im Kuchenleben. Dazu noch ein frisch gebrühter Espresso … und schon klappt's auch mit dem Nachbarn.

30 g Butter
3 Eier (M)
90 g Zucker
50 g Mehl
50 g gemahlene Mandeln
1 TL Instant-Espressopulver
12 Schoko-Espressobohnen
Für die Espressocreme:
100 g Nougatschokolade
50 g Zartbitterschokolade
300 g Sahne
2 TL Instant-Espressopulver
Außerdem:
12 Mini-Förmchen
Spritzbeutel mit Sterntülle

amore mio

Für 12 Stück |
30 Min. Zubereitung |
25 Min. Backen |
1 Std. Kühlen
Pro Stück ca. 270 kcal,
5 g EW, 19 g F, 19 g KH

1 Backofen auf 180° vorheizen. Die Förmchen auf ein Backblech stellen. Für den Teig die Butter schmelzen. Eier und Zucker in ca. 5 Min. hellcremig aufschlagen. Mehl, Mandeln und Espressopulver mischen und unterheben. Die geschmolzene Butter unterrühren. Den Teig gleichmäßig auf die Förmchen verteilen und im Ofen (Mitte) ca. 25 Min. backen. Herausnehmen, die Kuchen ca. 10 Min. abkühlen lassen, danach aus den Förmchen lösen.

2 Für die Espressocreme beide Schokoladensorten in Stücke brechen. Die Sahne mit dem Espressopulver in einem Topf erhitzen und die Schokolade darin unter Rühren schmelzen lassen. Den Topf vom Herd nehmen und die Schokosahne mit den Schneebesen des Handrührgeräts ca. 1 Min. durchrühren. Die Creme dann 1–2 Std. kühlen.

3 Die Espressocreme nochmals aufschlagen. Die Kuchen waagerecht durchschneiden und die Böden mit einem Drittel der Creme bestreichen. Die Deckel wieder daraufsetzen und die Kuchen rundum mit Espressocreme bestreichen.

4 Die restliche Creme in den Spritzbeutel füllen und Tupfen auf die Törtchen spritzen. Die Schokobohnen daraufsetzen und die Törtchen bis zum Servieren kühlen.

REGISTER

Damit Sie Rezepte mit bestimmten Zutaten noch schneller finden, sind in diesem Register auch beliebte Zutaten wie **Beeren** oder **Schokolade** alphabetisch eingeordnet und hervorgehoben. Darunter finden Sie das Rezept Ihrer Wahl.

A

Äpfel
  Apfel-Marzipan-Päckchen 32
  Apfel-Rührkuchen 30

B/C

Bananen: Kokos-Bananen-
  Kuchen 12
Beeren
  Beeren-Minis 34
  Erdbeerparfait 64
  Früchtchen, geeiste (Deko) 7
  Heidelbeerkuchen 37
  Johannisbeer-Mandelbaiser 36
  Schoko-Preiselbeer-Kuchen 29
Birnen: Schoko-Birnen-
  Kuchen 28
Biskuitteig
  Apfel-Rührkuchen 30
  Beeren-Minis 34
  Espressocreme-Törtchen 58
  Johannisbeer-Mandelbaiser 36
  Käsesahne, kleine, mit Manda-
    rinen 50
  Mandelkuchen, spanischer 55

Rote-Bete-Kuchen 41
  Schoko-Kokos-Kuchen 13
Blondies 16
Blüten, kandierte (Deko) 7
Brownies 17
Butterkuchen, Bretonischer 54
Chai-Latte-Kuchen 18

E

Eiweißglasur (Deko) 7
Erdbeerparfait 64
Espressocreme-Törtchen 58

F/G

Frischkäse
  Beeren-Minis 34
  Granatapfel-Cheesecake 26
  Stracciatellakuchen 5
Früchtchen, geeiste (Deko) 7
Granatapfel-Cheesecake 26

H

Haselnüsse
  Haselnusskuchen 20
  Nusszöpfchen 46
  Schoko-Preiselbeer-Kuchen 29
Hefeteig
  Nusszöpfchen 46
  Streuselkuchen 47
Heidelbeerkuchen 37
Honigparfait 64

J

Joghurt
  Beeren-Minis 34
  Heidelbeerkuchen 37
Johannisbeer-Mandelbaiser 36

K

Käsekuchen
  Granatapfel-Cheesecake 26
  Käsekuchen mit Karamell-
    guss 14
Käsesahne, kleine, mit Manda-
  rinen 50
Kastanienmehl: Montblanc-Tört-
  chen 52
Kokosraspel
  Kokos-Bananen-Kuchen 12
  Schoko-Kokos-Kuchen 13

M

Mandarinen: Käsesahne, kleine,
  mit Mandarinen 50
Mandeln
  Apfel-Rührkuchen 30
  Chai-Latte-Kuchen 18
  Espressocreme-Törtchen 58
  Johannisbeer-Mandelbaiser 36
  Mandel-Marzipan-Stollen 23
  Quarkstollen 22
  Rüblikuchen 40
  Sachertorte XS 44
Mango-Schmand-Kuchen 37
Marmorkuchen 4
Maronencreme: Montblanc-
  Törtchen 52
Marzipan
  Apfel-Marzipan-Päckchen 32
  Johannisbeer-Mandelbaiser 36
  Mandel-Marzipan-Stollen 23
  Rüblikuchen 40
  Schichttörtchen 56
Möhren: Rüblikuchen 40
Montblanc-Törtchen 52

Mürbeteig
Apfel-Marzipan-Päckchen 32
Butterkuchen, Bretonischer 54
Nusstörtchen, Walliser 48

N

Nusstörtchen, Walliser 48
Nusszöpfchen 46

P

Parfait
Erdbeerparfait 64
Honigparfait 64
Pekannüsse: Blondies 16
Pflaumenküchlein, gestürz-
tes 38
Preiselbeeren: Schoko-Preisel-
beer-Kuchen 29
Puderzuckerglasur (Deko) 7

Q

Quark
Käsekuchen mit Karamell-
guss 14
Käsesahne, kleine mit Manda-
rinen 50
Mandel-Marzipan Stollen 23
Quarkstollen 22
Quarkteig
Mandel-Marzipan-Stollen 23
Quarkstollen 22

R

Rote-Bete-Kuchen 41
Rotweinkuchen 21
Rüblikuchen 40

Rührteig
Blondies 16
Brownies 17
Chai-Latte-Kuchen 18
Haselnusskuchen 20
Heidelbeerkuchen 37
Kokos-Bananen-Kuchen 12
Mango-Schmand-Kuchen 37
Marmorkuchen 4
Montblanc-Törtchen 52
Pflaumenküchlein, gestürz-
tes 38
Rotweinkuchen 21
Rüblikuchen 40
Sachertorte XS 44
Sandkuchen 10
Schichttörtchen 56
Schoko-Birnen-Kuchen 28
Schoko-Preiselbeer-Kuchen 29
Stracciatellakuchen 5
Teekuchen, Englischer
(Variante) 10
Zwetschgenkuchen, versun-
kener (Variante) 38

S/T

Sachertorte XS 44
Sandkuchen 10
Schichttörtchen 56
Schmand: Mango-Schmand-
Kuchen 37
Schokolade
Blondies 16
Brownies 17
Espressocreme-Törtchen 58
Montblanc-Törtchen 52
Sachertorte XS 44

Schoko-Birnen-Kuchen 28
Schokocreme (Deko) 7
Schoko-Kokos-Kuchen 13
Schokoladenglasur (Deko) 6
Schoko-Preiselbeer-Kuchen 29
Schokoraspel (Deko) 6
Stracciatellakuchen 5
Streuselkuchen 47
Teekuchen, Englischer
(Variante) 10

W

Walnüsse
Brownies 17
Nusstörtchen, Walliser 48

Z

Zitronat: Quarkstollen 22
Zitrone: Sandkuchen 10
Zwetschgenkuchen, versunkener
(Variante) 38

© 2016 GRÄFE UND UNZER VERLAG GmbH, München
Alle Rechte vorbehalten. Nachdruck, auch auszugsweise, sowie die Verbreitung durch Film, Funk, Fernsehen und Internet, durch fotomechanische Wiedergabe, Tonträger und Datenverarbeitungssysteme jeglicher Art nur mit schriftlicher Genehmigung des Verlages.

Projektleitung: Verena Kordick
Lektorat: Petra Teetz
Korrektorat: Christin Geweke
Innen- und Umschlaggestaltung: independent Medien-Design, Horst Moser, München
Illustrationen: Julia Wolf
Herstellung: Mendy Jost
Satz: Kösel, Krugzell
Reproduktion: medienprinzen GmbH, München
Syndication: www.jalag-syndication.de
Printed in China

1. Auflage 2016
ISBN 978-3-8338-5332-6

 www.facebook.com/gu.verlag

GRÄFE UND UNZER

Ein Unternehmen der
GANSKE VERLAGSGRUPPE

Die Autorin

Christa Schmedes lebt mit ihrer Familie in München und arbeitet seit vielen Jahren für namhafte Zeitschriften- und Buchverlage sowie als Foodstylistin. Sie sagt: »Kleiner ist feiner!« und tritt mit den Rezepten in diesem Buch gleich den Beweis an.

Der Fotograf

Mathias Neubauer ist Foodfotograf und Grafikdesigner, er arbeitet für internationale Buchverlage und Magazine wie den FEINSCHMECKER. In seinem Studio in Seligenstadt hat er mit seinem Bruder **Andreas Neubauer** (Foodstyling) die Minikuchen stimmungsvoll in Szene gesetzt.

Bildnachweis

Cover: Janne Peters, Hamburg; Autorenfoto: Fotos mit Geschmack, Alling; alle anderen Fotos: Mathias Neubauer

Titelrezept

Johannisbeer-Mandelbaiser (S. 36)

Backofenhinweis:
Die Backzeiten können je nach Herd variieren. Die Temperaturangaben in unseren Rezepten beziehen sich auf das Backen im Elektroherd mit Ober- und Unterhitze und können bei Gasherden oder Backen mit Umluft abweichen. Details entnehmen Sie bitte Ihrer Gebrauchsanweisung.

Appetit auf mehr?

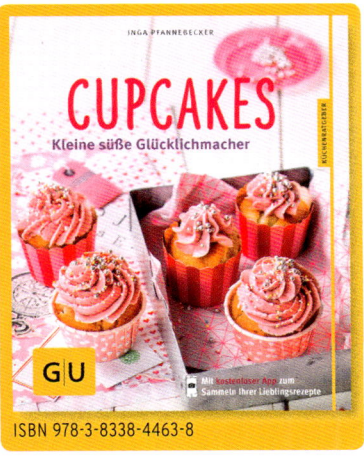

EISPARFAITS

Heiß geliebt und kalt serviert! Diese zart schmelzenden Parfaits garantieren
das ganze Jahr über himmlischen Eisgenuss.

ERDBEERPARFAIT

Für 12 Stück: 12 Mini-Förmchen kalt ausspülen,
auf eine Platte stellen und kühlen. 500 g Erdbeeren waschen, trocken tupfen, putzen und in kleine
Würfel schneiden. Die Erdbeerwürfel mit 90 g Puderzucker, 2 EL Erdbeer- oder Himbeersirup und
100 g Mascarpone in einen Mixbecher geben und
mit dem Pürierstab fein mixen. 300 g Sahne steif
schlagen und locker unter das Püree ziehen. Die
Parfaitmasse gleichmäßig in die gekühlten Förmchen füllen, mit Frischhaltefolie abdecken und
mindestens 12 Std. im Tiefkühlfach gefrieren lassen. Vor dem Servieren die Parfaits 10 Min. im
Kühlschrank antauen lassen. Danach die Folie abziehen und die Parfaits aus den Förmchen stürzen.
Mit 150 g frischen Erdbeeren servieren.

HONIGPARFAIT

Für 12 Stück: 12 Mini-Förmchen kalt ausspülen,
auf eine Platte stellen und kühlen. In einem
Schlagkessel 200 g Waldhonig und 4 Eigelbe (M)
glatt rühren, dann über einem heißen Wasserbad
hellcremig aufschlagen. Die Masse in einem eis-
kalten Wasserbad kalt rühren und 100 g Crème
fraîche unterrühren. 300 g Sahne steif schlagen
und ebenfalls unterziehen. Die Parfaitmasse in die
gekühlten Förmchen füllen, mit Frischhaltefolie
abdecken und mindestens 12 Std. im Tiefkühlfach
gefrieren lassen. Vor dem Servieren die Parfaits
10 Min. im Kühlschrank antauen lassen, danach
die Folie abziehen und die Parfaits aus den Förmchen stürzen. Dazu schmecken Kirschkompott
oder Amarenakirschen (aus dem Glas).